J.-F. Mallet

SIMPLISSIME

RECETTES VÉGÉTARIENNES LES + FACILES DU MONDE

hachette
CUISINE

MODE D'EMPLOI

Pour ce livre, je pars du principe que vous avez chez vous :

- L'eau courante
- Une cuisinière
- Un réfrigérateur
- Une cocotte
- Un four
- Un couteau (bien aiguisé)
- Du sel et du poivre
- De l'huile

(Si ce n'est pas le cas c'est peut-être le moment d'investir !)

Cet ouvrage ne s'adresse pas uniquement aux végétariens mais à tous ceux qui veulent éviter viande et poisson à tous les repas tout en mangeant à leur faim, en se régalant et sans passer des heures en cuisine. Se faire plaisir tout en faisant attention à sa santé, en diminuant les protéines animales, en mangeant équilibré et en consommant 5 fruits et légumes par jour avec peu d'ingrédients et rapidement, oui c'est possible.
Toutes les recettes de cet ouvrage sont simplissimes à réaliser – pas de geste technique, de 3 à 6 ingrédients facilement trouvables, un temps de préparation réduit et peu ou pas de matériel.

Quels ingrédients sont indispensables ?

- **Les légumes :** dans cet ouvrage, ils sont à l'honneur et cuisinés à toutes les recettes. Privilégiez les légumes frais et de saison, mais s'il vous prend une envie de risotto de coquillettes aux petits pois en novembre, n'hésitez pas à vous rabattre sur la version surgelée.
- **Les conserves :** dans ce livre, on ne les utilise pratiquement pas, c'est pourtant bien pratique d'avoir sous la main et dans son placard des pois chiches, du pesto, de la tapenade, des olives, du coulis de tomates, du lait de coco et des haricots blancs.
- **Les herbes :** les herbes fraîches n'ont pas leur égal, ce sont elles qu'il faut privilégier ! En cas de grosse panne, vous pouvez toujours utiliser la version surgelée ou séchée (mais c'est moins bon).
- **Les huiles :** l'huile d'olive – toujours vierge extra, c'est la meilleure – et pour compléter les huiles de noisette, de sésame et de noix.
- **Les épices et condiments :** l'épicerie de base est très vite constituée avec du curry, de la muscade et du cumin.
- **Les féculents, céréales et légumineuses :** du quinoa, de la semoule, des pâtes, du boulgour, de la polenta, des lentilles et du riz. Rien de compliqué à trouver !

Il ne me reste plus qu'à vous souhaiter de beaux moments en cuisine, mais surtout à table.

SOMMAIRE

SALADE DE QUINOA FRAÎCHEUR

Quinoa
200 g

Raisin noir
300 g

Concombre
x 1

Menthe
1 botte

Huile d'olive
6 cuil. à soupe

Framboises
125 g

Sel, poivre

Préparation : 10 min
Cuisson : 10 min
Repos : 10 min

- Faites cuire le **quinoa** 10 min à couvert avec 40 cl d'eau, stoppez le feu et laissez gonfler 10 min. Laissez refroidir.
- Mélangez le **quinoa** avec les grains de **raisin**, les **framboises**, la **menthe** et le **concombre** lavés et coupés. Salez, poivrez et ajoutez l'**huile d'olive**. Dégustez frais.

TABOULÉ AU MELON

Melons
x 2

Semoule fine
8 cuil. à soupe

Tomates cerise
x 20

Huile d'olive
4 cuil. à soupe

Menthe
1 botte

Sel, poivre

Préparation : 15 min
Réfrigération : 1 h

• Évidez les **melons** et coupez la chair en cubes. Coupez les **tomates cerise** en 2. Coupez la **menthe** aux ciseaux.

• Mélangez l'ensemble des ingrédients, salez, poivrez et mettez 1 h au frais pour que la **semoule** gonfle.

• Servez le taboulé dans les « coques » de **melon**.

TABOULÉ LIBANAIS À LA GRENADE

Boulgour
100 g

Persil plat
2 bottes

Citrons
x 4

Tomates
x 4

Huile d'olive
6 cuil. à soupe

Grenade
x 1

Sel, poivre

Préparation : 10 min
Réfrigération : 2 h

- Faites gonfler le **boulgour** 2 h au frais dans 30 cl d'eau et le jus des **citrons**.
- Lavez et coupez le **persil** aux ciseaux. Évidez la **grenade** pour récupérer les graines. Découpez les **tomates** en petits cubes.
- Mélangez tous les ingrédients au boulgour gonflé. Salez, poivrez et dégustez frais.

TABOULÉ AUX FRUITS DE LA PASSION

Tomates cerise
x 20

Semoule fine
200 g

Fruits de la Passion
x 4

Kiwis
x 4

Menthe
1 botte

Huile d'olive
6 cuil. à soupe

Sel, poivre

Préparation : 10 min
Réfrigération : 1 h

• Coupez les **tomates cerise** en 2. Évidez les **fruits de la Passion** pour récupérer la chair. Épluchez et coupez les **kiwis** en petits dés. Lavez et coupez aux ciseaux la **menthe**.

• Mélangez l'ensemble des ingrédients, salez, poivrez et mettez 1 h au frais pour que la semoule gonfle.

• Servez et dégustez frais.

TZATZIKI CONCOMBRE-KIWIS AU CURRY

Concombre
x 1

Curry
1 cuil. à soupe

Kiwis
x 2

Menthe
1 botte

Yaourts à la grecque
x 4

Coriandre
1 botte

Sel, poivre

Préparation : 10 min

- Épluchez le **concombre** et les **kiwis** et détaillez-les en dés. Lavez et coupez aux ciseaux la **menthe** et la **coriandre**.
- Mélangez tous les ingrédients. Salez, poivrez et dégustez.

SALADE VERTE AUX LÉGUMES

Haricots verts
200 g

Courgettes
x 2

Petits pois
200 g (frais ou surgelés)

Salades Sucrines
x 2

Menthe
20 feuilles

Ciboulette
1 botte

Sel, poivre

1 filet d'huile d'olive

Préparation : 15 min
Cuisson : 15 min

- Faites cuire 15 min les **haricots verts**, les **courgettes** coupées en rondelles et les **petits pois** dans de l'eau bouillante salée. Égouttez-les et rafraîchissez-les à l'eau froide.
- Mélangez les légumes avec la **salade** et les **herbes** coupées aux ciseaux.
- Assaisonnez d'un filet d'**huile d'olive**, salez, poivrez et dégustez.

SALADE DE POIS CHICHES À L’ORANGE

Pois chiches
260 g (en boîte)

Roquette
100 g

Orange
x 1

Oignon rouge
x 1

Cumin
2 cuil. à soupe

Huile d’olive
4 cuil. à soupe

Sel, poivre

Préparation : 5 min

- Zestez et pressez l’**orange**. Égouttez et rincez les **pois chiches**. Épluchez et coupez en rondelles fines l’**oignon rouge**.
- Mélangez l’ensemble des ingrédients. Salez, poivrez et dégustez.

SALADE DE HARICOTS COCO TIÈDES

Haricots coco plats
400 g

Œufs
x 4

Vinaigre balsamique
2 cuil. à soupe

Noisettes
50 g

Huile de noisette
4 cuil. à soupe

Sel, poivre

Préparation : 10 min
Cuisson : 30 min

- Faites cuire les **haricots coco** 20 min dans de l'eau bouillante salée. Rafraîchissez-les et réservez.
- Faites cuire les **œufs** 10 min dans de l'eau bouillante. Épluchez-les sous un filet d'eau et coupez-les. Mélangez les œufs durs encore tièdes avec les **haricots coco**. Ajoutez les **noisettes** concassées, l'**huile d'olive** et le **vinaigre balsamique**. Salez, poivrez et dégustez.

HARICOTS VERTS AUX ŒUFS ET GRAINES

Haricots verts
600 g

Œufs
x 4

Graines de courge
3 cuil. à soupe

Vinaigre balsamique
3 cuil. à soupe

Salade mélangée
100 g

Sel, poivre

1 filet d'huile d'olive

Préparation : 10 min
Cuisson : 20 min

- Lavez et équeutez les **haricots verts**. Faites-les cuire 15 min dans de l'eau bouillante salée. Rafraîchissez-les et réservez.
- Faites cuire les **œufs** 5 min précises à l'eau bouillante puis épluchez-les sous un filet d'eau. Coupez-les en 2.
- Mélangez l'ensemble des ingrédients, salez, poivrez et dégustez sans attendre.

SALADE DE PÂTES, OLIVES ET FENOUIL

Pâtes
300 g

Fenouil
2 bulbes (moyens)

Tapenade
3 cuil. à soupe

Aneth
1 botte

Huile d'olive
2 cuil. à soupe

Sel, poivre

Préparation : 5 min
Cuisson : 10 min

- Faites cuire les **pâtes** (*al dente*) à l'eau bouillante salée. Égouttez-les et rincez-les.
- Coupez les **fenouils** en fines lamelles. Coupez l'**aneth** aux ciseaux.
- Mélangez l'ensemble des ingrédients, salez, poivrez et dégustez immédiatement.

QUICHE AUX TOMATES CERISE À L'ORIGAN

Œufs
x 4

Tomates cerise
x 28

Mini-mozzarellas
20 billes

Origan séché
1 cuil. à soupe

Pâte brisée
1 rouleau

Sel, poivre

Préparation : 5 min
Cuisson : 50 min
Réfrigération : 1 h

- Préchauffez le four à 180° C.
- Placez la **pâte brisée** avec le papier cuisson dans un moule à tarte. Disposez les **tomates cerise** et les billes de **mozzarella** sur la **pâte**. Versez les **œufs** battus avec l'**origan**, salez, poivrez.
- Enfournez 50 min. Laissez tiédir et placez 1 h au frais. Dégustez froid.

TARTE AUX FLEURS DE COURGETTES

Pesto
4 cuil. à soupe

Parmesan
2 cuil. à soupe

Courgettes fleur
x 12

Pâte feuilletée
1 rouleau

Sel, poivre

Préparation : 10 min
Cuisson : 25 min

- Préchauffez le four à 180°C.
- Placez la **pâte feuilletée** avec le papier cuisson dans un moule à tarte. Étalez le **pesto** sur la **pâte**. Placez les **courgettes fleur** fendues en 2 dans la longueur. Salez, poivrez et saupoudrez de **parmesan**.
- Enfournez 25 min. Dégustez chaud ou froid.

TARTE FEUILLETÉE POIREAU-OIGNONS

Poireau
x 1 (gros ou 2 petits)

Confit d'oignons
4 cuil. à soupe

Fromage râpé
100 g

Pâte feuilletée
1 rouleau

Préparation : 10 min
Cuisson : 45 min

- Préchauffez le four à 180°C.
- Placez la **pâte feuilletée** avec le papier cuisson dans un moule à tarte. Étalez le **confit d'oignons** sur la pâte. Lavez le **poireau** à grande eau et coupez-le en 4 dans la longueur. Mélangez-le avec le **fromage** et placez le tout sur le **confit d'oignons**.
- Enfournez 45 min. Dégustez chaud ou froid.

QUICHE À LA COURGE ET AU SÉSAME

Œufs
x 4

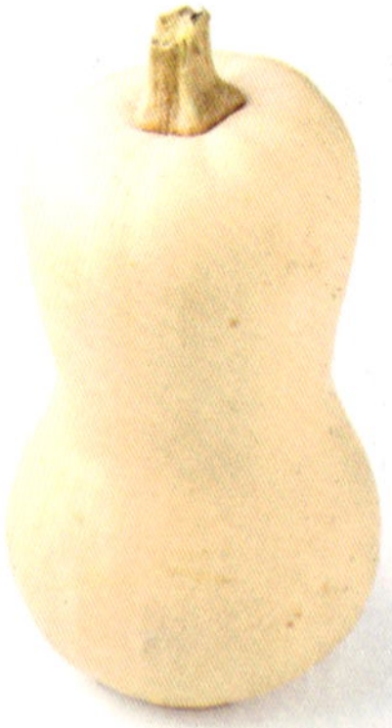

Butternut
500 g

Huile de sésame
2 cuil. à soupe

Pâte brisée
1 rouleau

Graines de sésame
2 cuil. à soupe

Fromage râpé
100 g

Sel, poivre

Préparation : 15 min
Cuisson : 40 min

- Préchauffez le four à 180 °C.
- Placez la **pâte brisée** avec le papier cuisson dans un moule à tarte.
- Épluchez et coupez la **butternut** en tranches fines. Disposez-les sur le fond de **pâte**. Versez les **œufs** battus avec le **fromage râpé**, salez, poivrez et ajoutez le **sésame**. Enfournez 40 min puis ajoutez l'**huile de sésame**. Dégustez.

PISSALADIÈRE

Oignons doux
x 6

Huile d'olive
8 cuil. à soupe

Olives noires
x 20 (dénoyautées)

Thym séché
1 cuil. à soupe

Pâte feuilletée
1 rouleau

Sel, poivre

Préparation : 15 min
Cuisson : 55 min

- Préchauffez le four à 180°C.
- Épluchez et émincez les **oignons**. Faites-les compoter 25 min dans une poêle avec l'**huile d'olive**. Hors du feu, ajoutez le **thym**.
- Étalez la **pâte feuilletée** sur une plaque recouverte de papier cuisson. Ajoutez les oignons sur toute la surface, placez les **olives** et enfournez 30 min. Dégustez chaud ou froid.

CAKE CHÈVRE-ÉPINARDS

Œufs
x 3

Farine
150 g

Pousses d'épinards
100 g

Chèvre Sainte-Maure
x 1

Huile d'olive
8 cl

Levure
x 1 sachet

Sel, poivre

Préparation : 10 min
Cuisson : 45 min

- Préchauffez le four à 180°C.
- Fouettez les **œufs**, ajoutez la **farine**, la **levure** et l'**huile d'olive**. Mélangez bien. Ajoutez les **pousses d'épinards** et le **chèvre** coupé en morceaux. Salez et poivrez.
- Versez dans un moule à cake et enfournez 45 min.
- Dégustez tiède ou froid.

CHAUSSON DE POMMES DE TERRE

Pommes de terre
500 g

Crème épaisse
20 cl

Noix muscade râpée
½ cuil. à café

Pâte feuilletée
1 rouleau

Romarin
2 branches

Sel, poivre

Préparation : 20 min
Cuisson : 40 min

• Préchauffez le four à 180 °C.

• Épluchez et coupez les **pommes de terre** en fines lamelles. Mélangez-les avec la **crème**, la **muscade** et le **romarin** haché. Salez et poivrez.

• Déroulez la **pâte**. Placez les **pommes de terre** sur une moitié. Recouvrez avec l'autre moitié de **pâte** et scellez les bords avec une fourchette. Enfournez 40 min. Dégustez chaud ou froid.

CHOU-FLEUR EN CROÛTE AU CUMIN

Chou-fleur
x 1 (environ 800 g)

Gouda au cumin
200 g

Pâte feuilletée
1 rouleau

Curry
1 cuil. à soupe

Sel, poivre

Préparation : 20 min
Cuisson : 1h

- Faites cuire le **chou-fleur** entier 20 min (au cuit-vapeur ou à l'eau bouillante salée). Laissez-le refroidir.
- Incisez le chou-fleur et glissez-y des lamelles de **gouda au cumin**. Saupoudrez-le de **curry**.
- Préchauffez le four à 180° C.
- Enveloppez le chou-fleur de **pâte feuilletée** en serrant bien et enfournez 40 min. Dégustez chaud.

POMMES DE TERRE FAÇON TIAN

Pommes de terre
x 4 (grosses)

Courgettes
x 2

Tomates
x 4

Fromage râpé
150 g

Huile d'olive
2 cuil. à soupe

Sel, poivre

Préparation : 25 min
Cuisson : 40 min

- Préchauffez le four à 160 °C.
- Épluchez les **pommes de terre**, découpez-les en rondelles et dressez-les sur une plaque recouverte d'un papier cuisson. Lavez, équeutez et taillez tous les légumes en rondelles, intercalez-les entre les tranches de pommes de terre, ajoutez le **fromage râpé**, l'**huile d'olive**, salez, poivrez et enfournez 40 min. Dégustez chaud.

POLENTA MOELLEUSE AU FOUR

Polenta
240 g

Olives noires
x 30 (dénoyautées)

Parmesan
150 g

Tomates séchées
x 25

Huile d'olive
5 cuil. à soupe

Origan séché
1 cuil. à soupe

Sel, poivre

Préparation : 15 min
Cuisson : 25 min
Réfrigération : 1 h

• Versez la **polenta** dans 1 l d'eau bouillante salée. Fouettez jusqu'à ce qu'elle épaississe. Ajoutez 100 g de **parmesan**, les **olives** hachées, l'**origan** et les **tomates séchées** coupées en morceaux. Versez dans un plat et mettez 1 h au frais.

• Préchauffez le four à 180 °C. Placez la polenta dans un plat, arrosez d'**huile d'olive**, saupoudrez du **parmesan** restant. Enfournez 10 min.

LASAGNES DE LÉGUMES

Feuilles de lasagne
x 10

Tomates
x 4

Courgettes
x 2 (moyennes)

Épinards
500 g (surgelés et décongelés)

Fromage râpé
200 g

Origan séché
1 cuil. à soupe

Sel, poivre

1 filet d'huile d'olive

Préparation : 20 min
Cuisson : 40 min

- Préchauffez le four à 180 °C.
- Mélangez les **épinards**, les **tomates** et les **courgettes** coupées en fines lamelles avec l'**origan** et le **fromage râpé**. Salez, poivrez.
- Dressez les lasagnes en intercalant les feuilles de pâte avec le mélange de légumes et enfournez 40 min. Arrosez d'un filet d'**huile d'olive** et dégustez.

GRATIN POMMES DE TERRE-TOMATES

Tomates
400 g

Fromage râpé
100 g

Pommes de terre
500 g

Huile d'olive
4 cuil. à soupe

Câpres
80 g

Vin blanc
10 cl

Sel, poivre

Préparation : 15 min
Cuisson : 1h

- Préchauffez le four à 170 °C.
- Épluchez et coupez les **pommes de terre** en tranches. Mélangez-les avec les **tomates** coupées en tranches, le **fromage râpé** et les **câpres**. Salez et poivrez.
- Placez l'ensemble dans un plat à gratin. Versez le **vin blanc** et l'**huile d'olive**. Enfournez 1 h.

BLETTES GRATINÉES À LA FOURME

Blettes
1 kg

Yaourts à la grecque
x 3

Fourme d'Ambert
280 g

Sel, poivre

Préparation : 5 min
Cuisson : 35 min

- Préchauffez le four à 180 °C.
- Lavez et coupez les **blettes**. Ébouillantez-les 5 min et égouttez-les. Mélangez les blettes avec les **yaourts** et la **fourme** émiettée. Salez et poivrez.
- Placez l'ensemble dans un plat à gratin et enfournez 30 min.
- Dégustez bien chaud.

FLAN D'ASPERGES SANS PÂTE

Asperges vertes
1 botte

Œufs
x 5

Ricotta
250 g

Basilic séché
1 cuil. à soupe

Sel, poivre

Préparation : 5 min
Cuisson : 40 min

- Préchauffez le four à 180 °C.
- Équeutez et émincez les **asperges** et fendez les pointes en 2. Fouettez les **œufs** avec la **ricotta** et le **basilic**. Salez et poivrez. Ajoutez les **asperges** sauf les pointes et mélangez.
- Mettez l'ensemble dans un plat à gratin et déposez sur le dessus les pointes d'**asperges**. Enfournez 40 min et servez.

GRATIN DE TORTELLINIS AU FOUR

Tortellinis
250 g (ricotta-épinards)

Roquette
60 g

Gaspacho
40 cl

Origan séché
1 cuil. à soupe

Sel, poivre

Préparation : 5 min
Cuisson : 20 min

- Préchauffez le four à 180 °C.
- Coupez aux ciseaux la moitié de la **roquette** et mélangez-la avec le **gaspacho**, l'**origan** et 10 cl d'eau.
- Mettez les **tortellinis** dans un plat à gratin, versez le mélange gaspacho-roquette dessus. Salez, poivrez et enfournez 20 min.
- Dégustez chaud avec le reste de **roquette**.

GRATIN PATATE DOUCE-CHÂTAIGNES

Patate douce
400 g

Yaourts à la grecque
x 4

Châtaignes
400 g (en bocal)

Huile de noisette
2 cuil. à soupe

Noix muscade râpée
1 cuil. à café

Fromage râpé
200 g

Sel, poivre

Préparation : 10 min
Cuisson : 40 min

• Épluchez et coupez en morceaux la **patate douce**. Faites cuire 20 min à l'eau bouillante.

• Préchauffez le four à 180 °C.

• Mélangez les morceaux de **patate douce** avec les **châtaignes**, les **yaourts**, la **muscade** et le **fromage râpé**. Salez et poivrez. Placez l'ensemble dans un plat et enfournez 20 min. Arrosez d'**huile de noisette**.

COURGETTES FARCIES OIGNONS-CHÈVRE

Courgettes rondes
x 4

Confit d'oignons
4 cuil. à soupe

Crottins de Chavignol
x 2

Huile d'olive
4 cuil. à soupe

Sel, poivre

Préparation : 5 min
Cuisson : 35 min

• Préchauffez le four à 180 °C.

• Coupez le chapeau des **courgettes** et évidez-les. Coupez la chair en petits dés et mélangez-les avec le **confit d'oignons** et les **crottins** émiettés grossièrement.

• Farcissez les **courgettes** et placez-les dans un plat à gratin. Arrosez d'**huile d'olive** et enfournez 35 min. Dégustez sans attendre.

TOMATES FARCIES AUX OLIVES

Tomates
x 4 (grosses)

Semoule fine
4 cuil. à soupe

Olives
180 g (noires et vertes)

Huile d'olive
4 cuil. à soupe

Herbes de Provence
1 cuil. à soupe

Sel, poivre

Préparation : 10 min
Cuisson : 15 min

• Préchauffez le four à 180 °C.

• Coupez le chapeau des **tomates** et évidez-les. Coupez la chair en petits dés et mélangez-les avec la **semoule**, les **olives** hachées grossièrement et les **herbes de Provence**. Salez et poivrez.

• Farcissez les **tomates** et placez-les dans un plat à gratin. Arrosez d'**huile d'olive** et enfournez 15 min. Dégustez chaud ou froid.

POIVRONS FARCIS AUX ŒUFS

Parmesan en copeaux
100 g

Poivrons verts
x 4

Œufs
x 8

Crème fraîche
2 cuil. à soupe

Sel, poivre

Préparation : 5 min
Cuisson : 35 min

- Préchauffez le four à 180 °C.
- Coupez le chapeau des **poivrons** et épépinez-les en prenant soin de ne pas les percer.
- Battez les **œufs** avec la **crème** et le **parmesan**. Salez et poivrez.
- Versez le mélange dans les **poivrons**, replacez les chapeaux et enfournez 35 min.

POIVRONS FARCIS AU BOULGOUR

Poivrons rouges
x 2

Boulgour
140 g

Petits pois
100 g (frais ou surgelés)

Huile d'olive
4 cuil. à soupe

Gaspacho
50 cl

Sel, poivre

Préparation : 10 min
Cuisson : 35 min

- Préchauffez le four à 180° C.
- Coupez les **poivrons** en 2 et épépinez-les en prenant soin de ne pas les percer.
- Mélangez le **boulgour** avec la moitié du **gaspacho** et les **petits pois**. Farcissez les **poivrons** avec ce mélange. Enfournez 35 min.
- Ajoutez le reste du **gaspacho** et l'**huile d'olive** et servez immédiatement à même le plat.

FIGUES FARCIES AU ROQUEFORT ET NOIX

Figues
x 12

Roquefort
100 g

Noix
60 g

Huile de noix
4 cuil. à soupe

Sel, poivre

Préparation : 5 min
Cuisson : 10 min

• Préchauffez le four à 180° C.

• Coupez le chapeau des **figues**. Évidez-les en prenant soin de ne pas percer la peau.

• Mélangez la chair avec les **noix** hachées et le **roquefort** écrasé. Farcissez les **figues**, replacez les chapeaux et enfournez 10 min avec un filet d'**huile de noix**.

PETITS FARCIS DE TOMATES

Tomates multicolores
x 8 (moyennes ou 12 petites)

Gressins
x 8

Persil
1 botte

Pignons de pin
80 g

Huile d'olive
2 cuil. à soupe

Raisins secs
60 g

Sel, poivre

Préparation : 10 min
Cuisson : 20 min

- Préchauffez le four à 180 °C.
- Coupez le chapeau des **tomates**. Évidez-les en prenant soin de ne pas les percer.
- Mélangez la chair avec les **gressins** écrasés, les **pignons de pin**, les **raisins** et le **persil** haché. Farcissez les **tomates**, replacez les chapeaux. Placez-les dans un plat à gratin, arrosez d'**huile d'olive** et enfournez 20 min.

CHAMPIGNONS FARCIS AU PESTO

Champignons de Paris
x 8 (gros)

Pesto
2 cuil. à soupe

Chèvre frais
300 g

Basilic
1 botte

Huile d'olive
2 cuil. à soupe

Sel, poivre

Préparation : 10 min
Cuisson : 25 min

- Préchauffez le four à 180° C.
- Lavez les **champignons**. Coupez les queues et hachez-les. Mélangez le hachis avec le **chèvre**, le **pesto** et le **basilic** haché. Farcissez la tête des **champignons**.
- Placez-les dans un plat à gratin, arrosez d'**huile d'olive**, salez, poivrez et enfournez 25 min.

TOMATES FARCIES À LA POMME DE TERRE

Tomates
x 4 (grosses)

Pommes de terre
500 g

Thym séché
1 cuil à soupe

Huile d'olive
4 cuil. à soupe

Parmesan
100 g

Sel, poivre

Préparation : 10 min
Cuisson : 55 min

- Épluchez et faites cuire les **pommes de terre** 35 min à l'eau bouillante salée. Écrasez-les et ajoutez le **thym** et le **parmesan**. Salez et poivrez.
- Préchauffez le four à 180° C.
- Coupez le chapeau des **tomates**. Évidez-les et farcissez-les avec les **pommes de terre**. Placez les farcis dans un plat avec la chair des tomates. Arrosez d'**huile d'olive** et enfournez 20 min.

AUBERGINES FARCIES À LA FETA

Aubergines
x 4 (moyennes)

Coulis de tomates
20 cl

Feta
200 g

Thym séché
2 cuil. à soupe

Huile d'olive
4 cuil. à soupe

Sel, poivre

Préparation : 10 min
Cuisson : 1h

- Préchauffez le four à 170°C.
- Coupez les **aubergines** en 2 et évidez-les en prenant soin de ne pas percer la peau.
- Coupez la chair en dés et mélangez-la avec le **coulis de tomates**, le **thym** et la **feta** écrasée.
- Farcissez les **aubergines**, placez-les dans un plat à gratin, arrosez d'**huile d'olive**, salez, poivrez et enfournez 1h.

CURRY DE LENTILLES AUX POIVRONS

Lentilles
180 g

Poivrons en boîte
250 g (égouttés)

Lait de coco
40 cl

Coriandre
2 bottes

Curry
2 cuil. à soupe

Sel, poivre

Préparation : 5 min
Cuisson : 30 min

- Faites cuire les **lentilles** dans une cocotte avec 60 cl d'eau 25 min à compter de l'ébullition.
- Coupez les **poivrons** en lamelles. Ajoutez-les dans la cocotte avec le **lait de coco** et le **curry**. Mélangez et faites cuire 5 min supplémentaires. Salez, poivrez.
- Ajoutez la **coriandre** coupée aux ciseaux et dégustez.

RISOTTO AUX ARTICHAUTS ET À L'AVOCAT

Cœurs d'artichauts
1 boîte (240 g égouttés)

Riz rond
200 g (spécial risotto)

Bouillon
60 cl

Citron
x 1

Avocats
x 2

Huile d'olive
4 cuil. à soupe

Sel, poivre

Préparation : 5 min
Cuisson : 25 min

- Mettez le **riz**, le **bouillon** et 2 cuil. d'**huile** dans une cocotte. Faites cuire à feu doux en remuant avec une spatule jusqu'à l'absorption du liquide (environ 20 min).
- Ajoutez les **artichauts** coupés, le jus du **citron**, les **avocats** écrasés et le reste de l'**huile d'olive**. Salez, poivrez et dégustez immédiatement.

CHILI AUX AUBERGINES ET À LA SAUGE

Haricots rouges
1 boîte (500 g égouttés)

Aubergines
x 2

Huile d'olive
6 cuil. à soupe

Sauge
1 botte

Coulis de tomates
20 cl

Sel, poivre

Préparation : 5 min
Cuisson : 50 min

• Coupez les **aubergines** en cubes et faites-les revenir 5 min dans une cocotte avec l'**huile d'olive**. Ajoutez les **haricots**, le **coulis de tomates**, 5 cl d'eau et les feuilles de **sauge**. Salez, poivrez et mélangez.

• Laissez mijoter 45 min en remuant de temps en temps et dégustez.

HARICOTS FRAIS À LA PROVENÇALE

Courgettes
x 2 (moyennes)

Haricot frais
600 g (ou 1 boîte de 500 g)

Romarin
2 branches

Ail
2 gousses

Gaspacho
40 cl

Sel, poivre

1 filet d'huile d'olive

Préparation : 15 min
Cuisson : 1 h

- Écossez les **haricots**. Coupez les **courgettes** en cubes et effeuillez le **romarin**.
- Mettez l'ensemble des ingrédients dans une cocotte en ajoutant 10 cl d'eau. Laissez mijoter 1 h à feu doux. Salez, poivrez, ajoutez un filet d'**huile d'olive** et servez.

RISOTTO DE COQUILLETTES

Coquillettes
200 g

Petits pois
200 g (frais ou surgelés)

Bouillon de légumes
60 cl

Fromage
ail et fines herbes 150 g

Huile d'olive
4 cuil. à soupe

Sel, poivre

Préparation : 5 min
Cuisson : 20 min

- Chauffez le **bouillon**.
- Mettez les **coquillettes**, le **bouillon** chaud et les **petits pois** dans une cocotte. Laissez cuire 20 min jusqu'à l'absorption du liquide en remuant.
- Ajoutez le **fromage à l'ail et fines herbes** et l'**huile d'olive**. Salez, poivrez, mélangez et dégustez immédiatement.

PÂTES À L'ASIATIQUE AU LAIT DE COCO

Spaghettis
300 g

Gingembre
50 g

Carottes râpées
150 g

Pousses de soja
150 g

Basilic
1 botte

Lait de coco
40 cl

Sel, poivre

2 cuil. à soupe d'huile

Préparation : 15 min
Cuisson : 25 min

• Faites cuire les **spaghettis** (*al dente*) à l'eau bouillante salée. Égouttez-les et réservez.

• Faites revenir dans une poêle 10 min avec 2 cuil. à soupe d'**huile** les **carottes** et le **gingembre** râpé. Ajoutez les **pâtes**, les **pousses de soja** et le **lait de coco**. Faites cuire 5 min de plus. Salez, poivrez, ajoutez les feuilles de **basilic**, mélangez et dégustez.

PÂTES AUX ASPERGES ET AU CHÈVRE

Spaghettis
300 g

Asperges vertes
1 botte

Crottins de Chavignol
x 3

Estragon séché
2 cuil. à soupe

Huile d'olive
4 cuil. à soupe

Sel, poivre

Préparation : 5 min
Cuisson : 15 min

• Faites cuire les **spaghettis** (*al dente*) à l'eau bouillante salée. Égouttez-les et réservez.

• Équeutez et coupez les **asperges** en 2 dans la longueur. Faites-les revenir dans une poêle 5 min avec l'**huile d'olive**. Ajoutez les **pâtes**, le **chèvre** coupé en morceaux, l'**estragon** et faites cuire 2 min de plus en remuant. Salez, poivrez et dégustez.

PÂTES AU CITRON ET AU BASILIC

Pâtes
300 g

Basilic
1 botte

Citrons confits
x 2

Huile d'olive
4 cuil. à soupe

Parmesan
4 cuil. à soupe

Sel, poivre

Préparation : 5 min
Cuisson : 10 min

• Faites cuire les **pâtes** (*al dente*) à l'eau bouillante salée. Égouttez-les et versez-les dans une poêle avec l'**huile d'olive** et les écorces des **citrons confits** coupés en petits morceaux. Salez, poivrez. Ajoutez les feuilles de **basilic**, le **parmesan** et mélangez pendant 3 min à feu vif. Dégustez sans attendre.

RIZ SAUTÉ AUX NOIX DE CAJOU

Poivron rouge
x 1

Riz
200 g

Courgette
x 1

Ail
6 gousses

Sauce soja
8 cuil. à soupe

Noix de cajou
125 g (salées)

Sel, poivre

4 cuil. à soupe d'huile neutre

Préparation : 10 min
Cuisson : 30 min

- Faites cuire le **riz** à l'eau bouillante salée.
- Dans une poêle, faites revenir dans l'**huile** le **poivron** et la **courgette** coupés en morceaux avec l'**ail** haché grossièrement. Laissez cuire 10 min en remuant puis ajoutez le **riz**, la **sauce soja** et les **noix de cajou**. Faites cuire 10 min de plus en remuant. Servez sans attendre.

LÉGUMES RÔTIS AU FOUR À L'ESTRAGON

Potiron
300 g

Estragon séché
2 cuil. à soupe

Pommes de terre (rattes)
400 g

Beurre
50 g

Champignons de Paris
300 g (gros)

Sel, poivre

2 cuil. à soupe d'huile neutre

Préparation : 5 min
Cuisson : 48 min

- Préchauffez le four à 180° C.
- Lavez les **pommes de terre**. Coupez les **champignons** en 4. Épluchez le **potiron** et coupez-le en morceaux.
- Mettez tous les légumes dans un plat avec 2 cuil. à soupe d'**huile**. Salez, poivrez et enfournez 45 min. Ajoutez le **beurre** mélangé avec l'**estragon** et prolongez la cuisson 3 min.

INDEX DES RECETTES PAR INGRÉDIENT PRINCIPAL

58, rue Jean Bleuzen – 92178 Vanves Cedex

Pour l'éditeur, le principe est d'utiliser des papiers composés de fibres naturelles, renouvelables, recyclables et fabriqués à partir de bois issus de forêts qui adoptent un système d'aménagement durable. En outre, l'éditeur attend de ses fournisseurs de papier qu'ils s'inscrivent dans une démarche de certification environnementale reconnue.

Direction : Catherine Saunier-Talec
Responsable artistique : Antoine Béon
Responsable éditoriale : Céline Le Lamer
Conception graphique et mise en pages : Marie-Paule Jaulme
Correction : Claire Fontanieu
Fabrication : Amélie Latsch
Responsable partenariats : Sophie Morier (smorier@hachette-livre.fr)

Dépôt légal : octobre 2016
4953282/02
ISBN : 9782011356901
Imprimé en Espagne par Cayfosa en décembre 2016
www.hachette-pratique.com

PAPIER À BASE DE FIBRES CERTIFIÉES
1 kg q. CO_2
Rendez-vous sur www.hachette-durable.fr